EMF3-0045
合唱楽譜<J-POP>

J-POP
CHORUS PIECE

合唱で歌いたい！ J-POPコーラスピース

女声3部合唱

HANABI

（Mr.Children）

作詞・作曲：桜井和寿　合唱編曲：田中和音

ELEVATO
MUSIC ENTERTAINMENT

HANABI

作詞・作曲:桜井和寿　合唱編曲:田中和音

※メゾソプラノパート、17〜18小節目「てにいれたものと」は「てにいれたもんと」となるように演奏してください。

22
Oo
ないしー
きらーい
mf
ーちうれーい ていれーるほどー へい わなよのーなかじゃー ないしー いったい
ーにきようー にたーちふるまーう じぶんはそれいじょうにー きらーい わら
mf
ーちうれーい ていれーるほどー
ーにきようー にたーちふるまーう
Oo
ないしー いったい
きらーい わら
Dm7 Gm Dm7 Gm Cm7 F D7
26 C
どんなきぼーうをいだーき すすんだらいい?
びょうどーうにとーき はながれる
どんなりそうーをえがーいたらいい? どんなきぼーうをいだーき すすんだらいい? こたえよ
っていてもーないてすごー しても びょうどーうにとーき はながれる みらい
どんなりそうーをえがーいたらいい? どんなきぼーうをいだーき すすんだらいい? こたえよ
っていてもーないてすごー しても びょうどーうにとーき はながれる みらい
C
Gm7 E♭/G F B♭ E♭M7 C7 Fsus4 D
mf
30
to Φ
にちじょーうにほうーむられ てーく
そのこ
ーうもなーいそのとーいかけは にちじょーうにほうーむられ てーく
ーーがぼーくらをよーんでる そのこ
mp
ーうもなーいそのとーいかけは にちじょーうにほうーむられ てーく き
ーーがぼーくらをよーんでる そのこ
Gm7 E♭/G F B♭
to Φ
E♭M7 C7 F

34
D
mp
「く らい」と ちゃ か ー して わ ら ーう の か なぁ
mp
そ の や わ
み が い た ら ー なんて い ー う か なぁ ー 「く らい」と ちゃ か ー して わ ら ーう の か なぁ そ の や わ
D
B♭ F/B♭ Gm B♭/F E♭M7 F
mp
38
Oo ふ き と ーん だらい い の に
ー ら か な ー え が ーお に ふれ て ー Oo ふ き と ーん だらい い の に
ー ら か な ー え が ーお に ふれ て ー ぼく の ゆううつ が ー ふ き と ーん だらい い の に
Dm7 Gm Dm7 Gm Cm7 Cm7/F F7
42
E♭ B♭/D E♭ B♭/D E♭ B♭/D F7/C B♭ E♭M7
f

46
E
f
けっしてつかまえ る ことのでーきない はなびのよう なひかりだとーしたって
けっしてつかまえ る ことのでーきない はなびのよう なひかりだとーしたって
けっしてつかまえ る ことのでーきない はなびのよう なひかりだとーしたって
F/E♭
Dm7
Gm
B♭/F
50
もういっかい もういっかーい もういっかい もういっかい ぼくはこ
Oo もういっかい Oo
Oo もういっかい Oo
Cm7
Cm7/F
Dm7
Gm7
B♭/F
54
F
の てをー のばーしたいー だれもみな かなしみをだいてる
Oo のばーしたいー だれもみな かなしみをだいてる
Oo のばーしたいー だれもみな かなしみをだいてる
Cm7
Cm7/F
D7
E♭M7
F/E♭

58
だけどすてきな あしたをねがっーているおくびょうかぜにふかれて な
だけどすてきな あしたをねがっーている Oo ふかれて
だけどすてきな あしたをねがっーている Oo ふかれて
Dm7 Gm B♭/F Cm7 Cm7/F Cm7/E♭
62
みかぜがだったせかいをどれだけあいするーことーができーるだろう?
Oo Oo ことーができーるだろう?
Oo Oo ことーができーるだろう?
Dm7 D7/F♯ Gm7 B♭/F Cm7 Cm7/F
66
mp
かん
D.S.
E♭M7
mf
D.S.
Coda
えはいまーきみにーもきこえています
えはいまーきみにーもきこえています
えはいまーきみにーもきこえています
Coda
E♭M7 C7 F

70
か?
か? ー ー
か?
E♭ B♭/D E♭ B♭/D E♭ B♭/D F7/C B♭ E♭M7
f
74
G
f
さ よ な ら がむ か え に く ーる こ とを さいしょ か ら わ かってい た と ーし た って
f
さ よ な ら がむ か え に く ーる こ とを さいしょ か ら わ かってい た と ーし た って
f
さ よ な ら がむ か え に く ーる こ とを さいしょ か ら わ かってい た と ーし た って
G
F/E♭ Dm7 Gm B♭/F
78
もう いっ かい もう いっ かーい もう いっ かい もう いっ かい な ん ど で
Oo もう いっ かい Oo
Oo もう いっ かい Oo
Cm7 Cm7/F Dm7 Gm7 B♭/F

82
H
も きみー にあーい たいー めぐりあえ たことでこーんなに
Oo あーい たいー めぐりあえ たことでこーんなに
Oo あーい たいー めぐりあえ たことでこーんなに
H
Cm7 Cm7/F D7 E♭M7 F/E♭
86
せかいが うつくしくみえーるなんて そうぞうさえもしていなーい
せかいが うつくしくみえーるなんて Oo していない
せかいが うつくしくみえーるなんて Oo していない
Dm7 Gm B♭/F Cm7 Cm7/F Cm7/E♭
90
たんじゅんだって わらうかい? きみにこころかーらありーがとうーをいうよ
Oo Oo らありーがとうーをいうよ
Oo Oo らありーがとうーをいうよ
Dm7 D7/F♯ Gm7 B♭/F Cm7 Cm7/F

94
mp
I
とどーこおーらないーようーにゆれて
mp
Oo
mp
Oo
B♭
I F/A
Gm
mp
98
ーながーれてーーー
mf
すきとおっーてくみずのーようーなこ
Oo
mf
すきとおっーてくみずのーようーなこ
Oo
mf
すきとおっーてくみずのーようーなこ
Fm7
Fm7/B♭
E♭M7
Dm7
Gm7
mf
102
ころーでーあれたーらーー
ころーでーあれたーらーー
ころーでーあれたーらーー
Cm7
Cm7/F
C♯m7/F♯

J
105
f
あい た くなーっ た と き の ぶ ーん ま で さ み し くなーっ た と き の ぶ ん まー で
あい た くなーっ た と き の ぶ ーん ま で さ み し くなーっ た と き の ぶ ん まー で
あい た くなーっ た と き の ぶ ーん ま で さ み し くなーっ た と き の ぶ ん まー で
EM7 F♯/E D♯m7 G♯m7
109
もう いっ かい もう いっ かーい もう いっ かい もう いっ かい き み を つ
Oo もう いっ かい Oo き み を つ
Oo もう いっ かい Oo き み を つ
C♯m7 C♯m7/F♯ D♯m7 G♯m B/F♯
113
K
よ く やー きつ け ー た い ー だ れ も みな もん だい を か か え てい る
よ く や ー きつ け ー た い ー だ れ も みな もん だい を か か え てい る
よ く や ー きつ け ー た い ー だ れ も みな もん だい を か か え てい る
C♯m7 C♯m7/F♯ D♯7 EM7 F♯/E

117
だけどすてきな　あした　を　ねがっ ー て　いる　おく びょう　か　ぜに　ふ　か　れて　な
だけどすてきな　あした　を　ねがっ ー て　いる　Oo　ふ　か　れて
だけどすてきな　あした　を　ねがっ ー て　いる　Oo　ふ　か　れて
D♯m7　G♯m7　G♯m7/F♯　C♯m7　C♯m7/F♯　C♯m7/E
121
み　かぜ　がたっ　た　せ　か　いを　ど　れ　だ　け　あ　い　す　る ー　こ　と　ー　がで き　ー る　だ ろう?
Oo　ど　れ　だ　け　あ　い　す　る ー　こ　と　ー　がで き　ー る　だ ろう?
Oo　ど　れ　だ　け　あ　い　す　る ー　こ　と　ー　がで き　ー る　だ ろう?
D♯m7　D♯/F𝄪　G♯m7　G♯m7/F♯　C♯m7　C♯m7/F♯
125
cresc.
ー　もう　いっ　かい　も う　いっ　か ー い　もう　いっ　かい　も う
ー　もう　いっ　かい　も う　いっ　か ー い　もう　いっ　かい　も う
ー　もう　いっ　かい　も う　いっ　か ー い　もう　いっ　かい　も う
G♯m　B/F♯　E　B/D♯

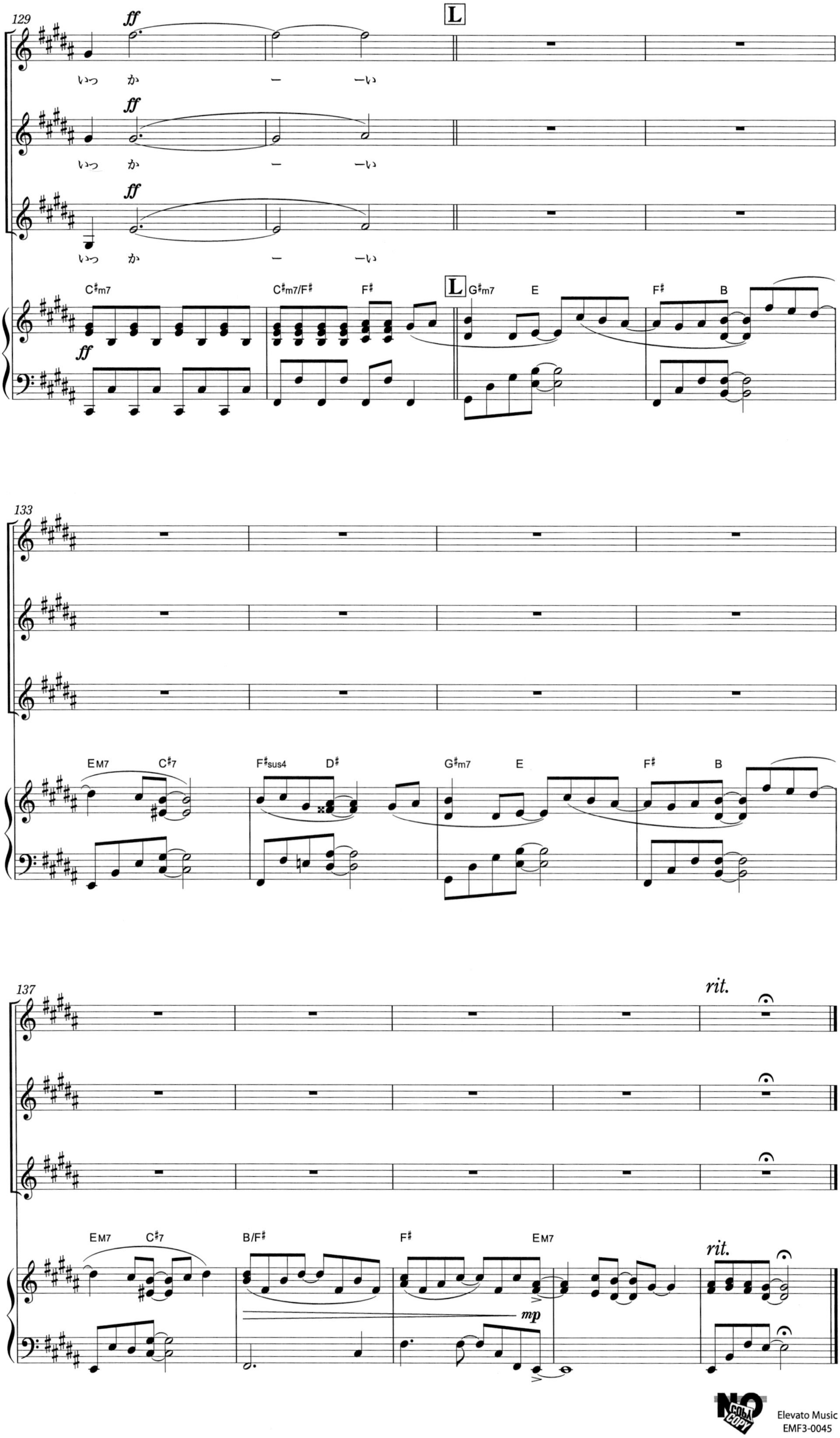
129
ff
L
いっ か ー ーい
いっ か ー ーい
いっ か ー ーい
C♯m7 C♯m7/F♯ F♯
L G♯m7 E F♯ B
133
EM7 C♯7 F♯sus4 D♯ G♯m7 E F♯ B
137
rit.
EM7 C♯7 B/F♯ F♯ EM7
mp

HANABI（Mr.Children）

作詞：桜井和寿

どれくらいの値打ちがあるだろう？
僕が今生きているこの世界に
すべてが無意味だって思える
ちょっと疲れてんのかなぁ

手に入れたものと引き換えにして
切り捨てたいくつもの輝き
いちいち憂《うれ》いていれるほど
平和な世の中じゃないし

一体どんな理想を描いたらいい？
どんな希望を抱《いだ》き進んだらいい？
答えようもないその問いかけは
日常に葬《ほうむ》られてく

君がいたらなんていうかなぁ
「暗い」と茶化して笑うのかなぁ
その柔らかな笑顔に触れて
僕の憂鬱《ゆううつ》が吹き飛んだらいいのに

決して捕まえることの出来ない
花火のような光だとしたって
もう一回　もう一回
もう一回　もう一回
僕はこの手を伸ばしたい
誰も皆　悲しみを抱《だ》いてる
だけど素敵な明日《あした》を願っている
臆病風に吹かれて　波風がたった世界を
どれだけ愛することができるだろう？

考えすぎで言葉に詰まる
自分の不器用さが嫌い
でも妙に器用に立ち振舞う自分は
それ以上に嫌い

笑っていても
泣いて過ごしても平等に時は流れる
未来が僕らを呼んでる
その声は今　君にも聞こえていますか？

さよならが迎えに来ることを
最初からわかっていたとしたって
もう一回　もう一回
もう一回　もう一回
何度でも君に逢いたい
めぐり逢えたことでこんなに
世界が美しく見えるなんて
想像さえもしていない　単純だって笑うかい？
君に心からありがとうを言うよ

滞らないように　揺れて流れて
透き通ってく水のような
心であれたら

逢いたくなったときの分まで
寂しくなったときの分まで
もう一回　もう一回
もう一回　もう一回
君を強く焼き付けたい
誰も皆　問題を抱《かか》えている
だけど素敵な明日《あした》を願っている
臆病風に吹かれて　波風がたった世界を
どれだけ愛することができるだろう？
もう一回　もう一回
もう一回　もう一回

ELEVATO
MUSIC ENTERTAINMENT

エレヴァートミュージックエンターテイメントはウィンズスコアが
展開する「合唱楽譜・器楽系楽譜」を中心とした専門レーベルです。

ご注文について

エレヴァートミュージックエンターテイメントの商品は全国の楽器店、ならびに書店にてお求めになれますが、店頭でのご購入が困難な場合、下記PC&モバイルサイト・FAX・電話からのご注文で、直接ご購入が可能です。

◎PCサイト&モバイルサイトでのご注文方法

http://elevato-music.com

上記のアドレスへアクセスし、WEBショップにてご注文ください。

◎FAXでのご注文方法

FAX.03-6809-0594

24時間、ご注文を承ります。上記PCサイトよりFAXご注文用紙をダウンロードし、
印刷、ご記入の上ご送信ください。

◎お電話でのご注文方法

TEL.0120-713-771

営業時間内に電話いただければ、電話にてご注文を承ります。